# Découvr la lumière

## Melvin Berger

Illustrations de Blanche Sims

Texte français de Jocelyne Henri

Les éditions Scholastic

À Max, M.B.
À Mark Hoyt, avec amour, B.S.

Données de catalogage avant publication (Canada)

Berger, Melvin
 Découvre la lumière

Traduction de : All about light.
ISBN 0-439-98622-2

1. Lumière – Ouvrages pour le jeunesse. 2. Lumière – Expériences –
Ouvrages pour la jeunesse. I. Sims, Blanche. II. Henri, Jocelyne.
III. Titre.

QC360.B4714 2001     j535     C00-932754-1

Édition publiée par Les éditions Scholastic,
175 Hillmount Road, Markham (Ontario)  L6C 1Z7.

5 4 3 2 1     Imprimé au Canada     01 02 03 04 05

Sans la lumière, il n'y aurait pas de vie.

Sans la lumière :
- ce serait les ténèbres;
- on ne pourrait rien voir;
- les plantes ne pourraient pas pousser;
- tout serait froid.

Mais qu'est-ce que la lumière?
D'où vient-elle?

La lumière est une forme d'énergie visible.
Elle voyage à travers l'espace.

Presque toute la lumière sur Terre vient du Soleil.
Le Soleil est l'étoile la plus proche de nous.
Il est à environ 150 millions de kilomètres de la Terre.

La lumière traverse l'espace pour atteindre la Terre.
Elle voyage en ligne droite.
Constate par toi-même la trajectoire de la lumière.

# C'EST À TON TOUR

### Regarde la lumière

Prends une paille droite.
Allume une lampe.
Regarde l'ampoule à travers la paille.
Peux-tu voir la lumière?

À présent, plie la paille.
Regarde l'ampoule de nouveau.
Que se passe-t-il?
Tu ne peux pas voir la lumière.
C'est parce que la lumière ne peut pas tourner.
Elle ne peut pas traverser une paille pliée.

La lumière ne contourne pas les objets.
Mais elle peut rebondir.
Fais-en l'essai.

## C'EST À TON TOUR

### Fais rebondir la lumière

Laisse tomber un ballon.
Que fait le ballon?
Il remonte tout droit.

Dirige une lampe de poche allumée dans un miroir.
Que vois-tu?
La lumière se réfléchit dans le miroir.
Elle revient droit sur toi.

À présent, frappe le ballon en diagonale.
Que se passe-t-il?
Il rebondit en diagonale.

Dirige la lampe de poche allumée dans le miroir.
Cette fois, tiens-la en diagonale.
La lumière revient vers toi en diagonale.

La lumière qui change de direction s'appelle lumière réfléchie.
Tu lis ce livre grâce à la lumière réfléchie.
La lumière vient du soleil ou d'une ampoule.
Elle frappe le livre.
Une partie de la lumière est réfléchie.

La lumière réfléchie pénètre dans tes yeux.
Tes yeux envoient des signaux électriques
qui voyagent jusqu'à ton cerveau.
Ton cerveau change les signaux en mots.

Par contre, la lumière n'est pas toujours réfléchie.
Certains objets laissent la lumière les traverser.
Ces objets sont transparents.
Le verre est transparent.
L'eau et l'air sont transparents, eux aussi.

Certains objets laissent passer un peu de lumière seulement.
Ces objets sont translucides.
Le papier ciré est translucide.
Le verre dépoli et les nuages sont translucides, eux aussi.

PAPIER CIRÉ

Certains objets ne laissent passer aucune lumière.
Ces objets sont opaques.
Une planche de bois est opaque.
Le métal et le carton sont opaques, eux aussi.

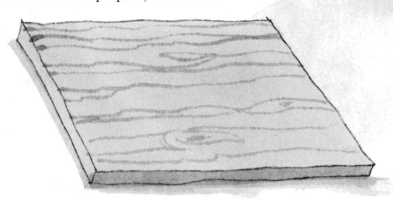

# C'EST À TON TOUR

## Transparent, translucide, opaque

Prends une lampe de poche.
Promène-toi dans la maison le soir.
Éclaire différents objets.

Suggestions :
- du papier essuie-tout;
- un verre d'eau;
- de la pellicule plastique;
- du papier d'aluminium;
- une assiette;
- un mouchoir de papier.

# Transparent    Translucide    Opaque

Quels objets laissent passer la lumière?
Ce sont ceux qui sont transparents.
Le verre d'eau et la pellicule plastique sont transparents.

Quels objets laissent passer un peu de lumière seulement?
Ce sont ceux qui sont translucides.
Le papier essuie-tout et le mouchoir de papier sont
translucides.

Quels objets ne laissent passer aucune lumière?
Ce sont ceux qui sont opaques.
Le papier d'aluminium et l'assiette sont opaques.

# C'EST À TON TOUR

## Observe la déviation de la lumière

Prends un crayon.
Mets-le dans un demi-verre d'eau.
Regarde le crayon de côté.
Le crayon a-t-il l'air cassé?

Sors le crayon.
Il n'est pas cassé.
C'était seulement une illusion.
L'eau a fait dévier la lumière réfléchie.

Savais-tu que ton œil aussi fait dévier la lumière?
La partie avant de ton œil est une lentille.
Tu as une lentille dans chaque œil.
Les lentilles sont transparentes.
Elles sont aussi courbées.
Elles dévient la lumière.
Elles t'aident à voir clairement.

Tu peux voir clairement de près.
Et tu peux voir clairement de loin.
Comment est-ce possible?

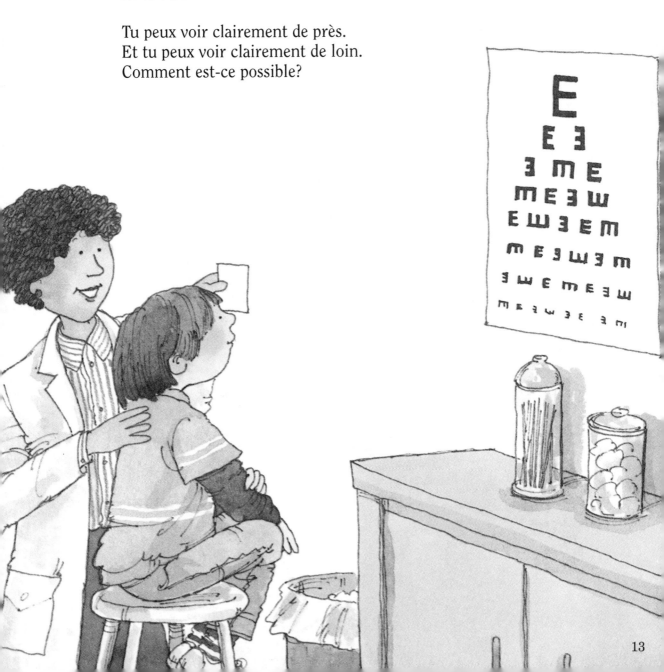

# C'EST À TON TOUR

## Comment fonctionnent les lentilles

Regarde ton livre.
Puis regarde par la fenêtre.
Sens-tu que quelque chose a changé dans ton œil?

De petits muscles tirent sur les lentilles.
Ils changent la forme des lentilles.

Quand tu regardes le livre,
tes lentilles sont épaisses.
Quand tu regardes au loin,
tes lentilles s'amincissent.

Tu as des lentilles dans les yeux.
Mais il y en a aussi dans :
- les loupes et les lunettes;
- les microscopes et les télescopes;
- les appareils photo et les projecteurs.

Ces lentilles sont faites de verre ou de plastique clair.
Elles font paraître les objets plus gros ou plus petits.
Elles les font aussi paraître plus clairs ou plus flous.

LOUPE

LUNETTES

MICROSCOPE

TÉLESCOPE

APPAREIL PHOTO

PROJECTEUR

# C'EST À TON TOUR

## Lentilles en verre et en plastique

Regarde un mot sur cette page.
Sers-toi uniquement de tes yeux.
Puis regarde-le avec une loupe.
Ensuite, regarde-le avec des lunettes.

Les deux lentilles courbent la lumière.
Elles changent l'apparence des mots.

Tes yeux te permettent aussi de voir différentes couleurs.
Mais sais-tu d'où viennent les couleurs?

La plus grande partie de la lumière qui t'entoure est blanche.
La lumière blanche est formée de différentes couleurs.
Elle se compose des couleurs primaires
rouge, jaune et bleu.
Et des couleurs secondaires
orange, vert et violet.

As-tu déjà vu un arc-en-ciel?
Le meilleur moment pour en voir un, c'est quand
le soleil brille après une averse.
Parfois, il reste des gouttes d'eau dans l'air.
Elles courbent la lumière blanche du soleil.
Elles la séparent en différentes couleurs.
Un arc-en-ciel apparaît.

On peut voir des arcs-en-ciel dans :
- un jet d'eau;
- un diamant;
- l'épaisseur d'un panneau de verre;
- une bulle de savon;
- des gouttes d'huile sur l'asphalte.

Dans un arc-en-ciel, la lumière blanche est séparée en couleurs, toujours les mêmes : rouge, orange, jaune, vert, bleu, indigo et violet.

Tu peux fabriquer un arc-en-ciel.

## C'EST À TON TOUR

### Fabrique un arc-en-ciel

Choisis une journée très ensoleillée.
Prends une plaque à pâtisserie dont
les côtés font environ 2 à 5 cm de hauteur.
Remplis-la d'eau presque entièrement.
Mets-la devant une fenêtre ensoleillée.
Tiens un petit miroir dans la plaque,
une partie dans l'eau et l'autre partie hors de l'eau.
Incline le miroir pour que le soleil le frappe.
Regarde le mur ou le plafond au-dessus de la fenêtre.
Vois-tu un arc-en-ciel?

Si tu n'en vois pas :
- attends que l'eau devienne calme;
- change l'inclinaison du miroir;
- avance ou recule la plaque.

À présent, vois-tu l'arc-en-ciel?

Le miroir et l'eau séparent la lumière
en différentes couleurs.
Mais tu peux les remettre ensemble.

# C'EST À TON TOUR

## Mélange de couleurs

Découpe un cercle de 10 cm dans du carton blanc.
Trace une ligne droite de haut en bas.
Trace une ligne droite de gauche à droite.
Tu devrais avoir quatre pointes égales.
Colorie une pointe en rouge, une pointe en jaune
et une pointe en bleu.
Laisse une pointe en blanc.

Prends un grand crayon bien pointu.
Perce le centre du cercle avec la pointe du crayon.
Tiens le crayon entre tes paumes ouvertes.
Frotte tes paumes très vite dans un mouvement de va-et-vient.
Les couleurs vont se mêler les unes aux autres.
Et le disque va paraître blanc!

Les couleurs peuvent aussi tromper tes yeux.
Voici quelques exemples.

# C'EST À TON TOUR

### Défi pour les yeux

Voici deux carrés orange.
Un carré a une bordure blanche.
L'autre a une bordure noire.
Lequel des deux carrés orange est le plus foncé?

Le carré à la bordure blanche paraît plus foncé.
Mais il ne l'est pas.
Les deux carrés sont pareils.
C'est la bordure qui les fait paraître différents.

Voici trois oiseaux bleus.
Regarde-les fixement en comptant jusqu'à 50.
Puis regarde rapidement un mur
ou un plafond blanc.
As-tu vu trois oiseaux orange?

Tes yeux se sont fatigués à force de fixer les oiseaux bleus.
Tu ne pouvais plus voir le bleu.
Puis tu as regardé un mur ou un plafond blanc.
Tes yeux n'ont pas pu voir le bleu dans le blanc.
Ils ont vu un mélange d'autres couleurs.
C'est pourquoi les oiseaux t'ont paru orange!

Nous avons besoin de lumière pour voir.
Mais la lumière a d'autres usages.
La lumière solaire aide les plantes à pousser.

Sans la lumière du soleil, nous n'aurions rien à manger.
Nous mangeons des fruits et des légumes qui poussent
sur des plantes.
Et nous mangeons la viande d'animaux qui mangent des plantes.

**Feuilles mortes**

**Charbon**

**Pétrole**

La lumière nous donne aussi des combustibles.
Il y a des millions d'années, la lumière solaire a fait pousser des plantes.
Ces plantes sont mortes.
Elles ont été enterrées.
Avec le temps, elles sont devenues du charbon,
du pétrole et du gaz naturel.

Aujourd'hui, nous brûlons
ces combustibles pour :
- nous garder au chaud en hiver;
- conduire nos autos et nos camions;
- produire de l'électricité.

Le soleil nous éclaire durant le jour.
Mais que se passe-t-il après le coucher du soleil?
Comment s'éclaire-t-on la nuit?

Les humains ont trouvé bien des façons de faire de la lumière.
Au début, ils s'éclairaient avec des feux et des torches.
Plus tard, ils ont fabriqué des lampes à l'huile et au gaz, et des chandelles.
Aujourd'hui, nous utilisons surtout la lumière électrique.

Nous avons aussi découvert une lumière très spéciale.
Cette lumière est plus brillante que n'importe quelle autre.
C'est le laser.

Tu peux voir des lasers aux comptoirs des épiceries.
Ils lisent les codes à barres sur chaque produit.

Tu ne peux pas voir les lasers dans les fils de téléphone.
Ils transportent tout de même des signaux vocaux
sur des milliers de kilomètres.

Les médecins se servent des rayons lasers pour faire
certaines opérations.
À l'usine, on utilise des lasers pour percer des trous et couper l'acier.

Que l'on pense aux chandelles ou aux lasers,
aux lentilles ou aux couleurs,
aux réflexions ou aux arcs-en-ciel,
la lumière est vraiment extraordinaire!

VERS
SÉCHÉS